御園井裕子

鎌倉 手毬《TEMARI》の 和菓子

四季を映す練りきり

文化出版局

もくじ

鎌倉
菓子散歩

歴史ある古都と新しいもの、
山と海に囲まれた豊かな自然の共存
そこに流れる穏やかな時間と気さくな人々。
鎌倉をゆったり散策しながら
四季を色濃く映す練りきりを主役に
趣向を凝らした日々の楽しみを
ご案内します。

はる

SPRING

空気が和らいで、海が明るく輝き始めると、
由比ヶ浜に近い長谷の工房にも、
南風とともに潮の香りが届きます。
野鳥たちのさえずりと一緒に
たんぽぽ、桃、桜、山吹と花が咲き、
鎌倉は新緑と花に包まれます。
そんな春爛漫の季節のために
十二単の重ねをイメージしたデザイン、
そぼろ状の生地で仕上げるきんとんなどの
練りきりや浮島を作りました。
山や海を散策した後は、
手作りの和菓子とお茶でくつろぎます。

花見の会

若宮大路の段葛《だんかずら》に桜の咲く頃は、
桜の花をかたどった
練りきりでおもてなし。
桜色と白色の二色の生地を
ひとひらごとに
ほんのり淡く色づけしました。
はかない花の季節を愛でながら、
桜づくしのひと時を
ゆったりお楽しみくださ い。

SAKURA さくら

作り方19頁

八十八夜の便り

茶つみ

CHATSUMI

——作り方21頁——

神事に親しむ

流鏑馬

YABUSAME

―作り方18頁―

海辺のティータイム

蒸し菓子の一つである浮島を
小さな鈴のような形に仕上げました。
パステルカラーの蒸し生地に、
山ももや抹茶のピューレを練り込んだ
フレーバーあんをはさんで
好みの色と風味を味わいます。
海辺のテラス席で
ブレンドティーと和菓子の
演出でお迎えします。

MACARON

まかろん

―作り方20頁―

ひな祭りの宴

花衣

HANAGOROMO

—作り方16頁—

野点で山に遊ぶ

春色

HARUIRO

— 作り方 17頁 —

花衣

HANAGOROMO

写真14頁

材料（1個分）

練りきり……［淡黄色］10g、［灰桜色］10g、［薄水色］5g

中あん［白あん］……13g

道具

クリアファイルまたは厚紙（型紙用）

スケッパー

細板（幅2.5×長さ30×厚さ0.4cm）2本

めん棒（細めの棒状のもの）

キッチンペーパー

竹ぐし

用意するもの

（全作品共通）

＊作業中は指先の生地をふき取ったり、生地どうしの貼り合わせに少量の水をのり代りに使うため、固く絞ったぬれ布巾と小さな器などに少量の水を用意します。

一

淡黄色、灰桜色の生地を長さ12cmの棒状にまとめ、2色をねじり合わせる。

二

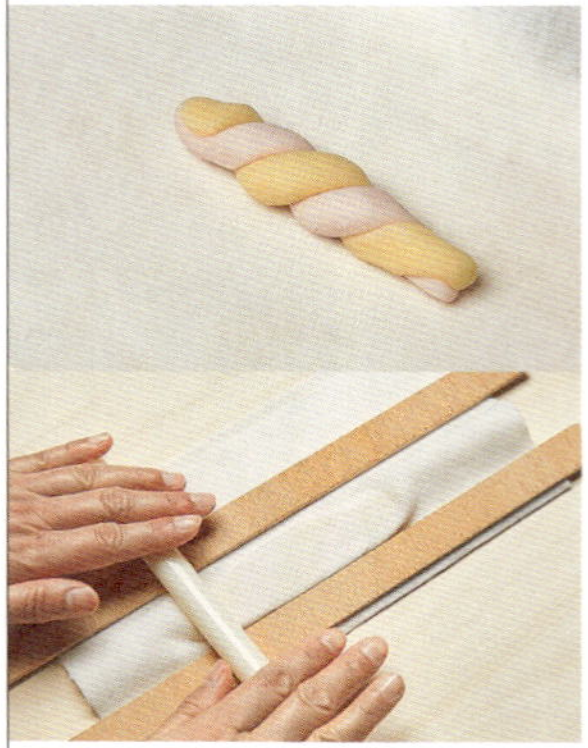

一を二つ折りにしたキッチンペーパーの間にはさみ、生地の左右に細板を置き、細板の上でめん棒を転がして生地を伸ばす。

＊12×3cmの型紙を用意し、細板の間隔を型紙に合わせる。

三

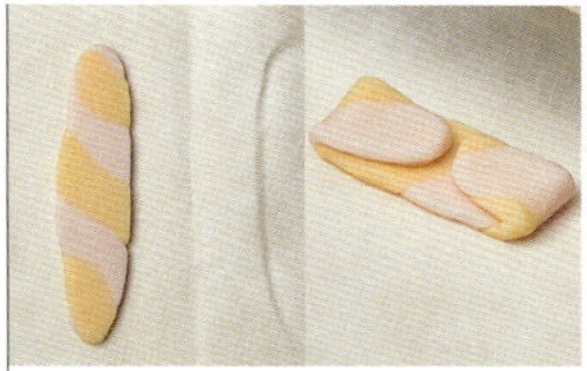

生地の上下を折りたたんで二の要領で生地を伸ばすことを、色が好みのぼかしになるまで繰り返す。

四

生地の大きさを型紙で確かめ、余分をスケッパーでカットする。薄水色の生地も二と同じ要領で伸ばし、型紙に合わせて三角形にカットする。

＊縦4×横3cmの直角三角形の型紙を用意する。

五

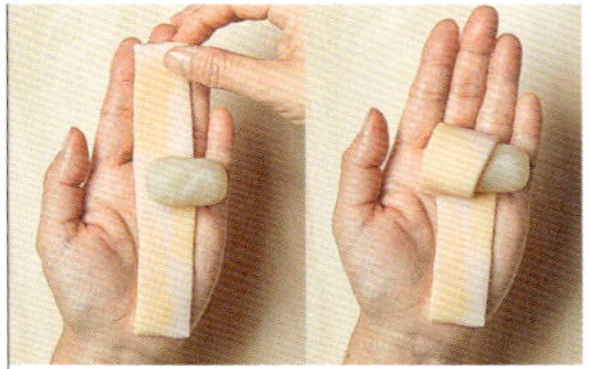

長方形の生地に俵形に丸めた中あんをずらしてのせ、奥の生地を中あんに斜めに巻く。

六

続いて、手前の生地に三角形の生地をずらして重ね、五と反対側に斜めに巻く。

七

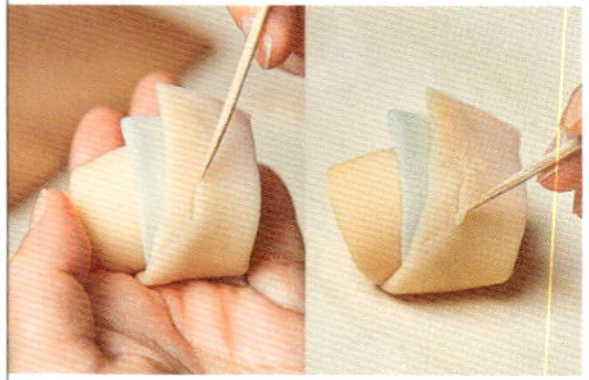

正面に竹ぐしでたんぽぽの綿毛を描き、少量の淡黄色の生地を根もとにつける。

春色

HARUIRO

写真15頁

材料（1個分）

練りきり … ［山吹色］5g、［卵色］10g、
［淡黄色］5g、［白色］5g

中あん［白あん］ 17g

道具

こし器（目の細かさが違うものを2種）
きんとん箸または先の細い箸

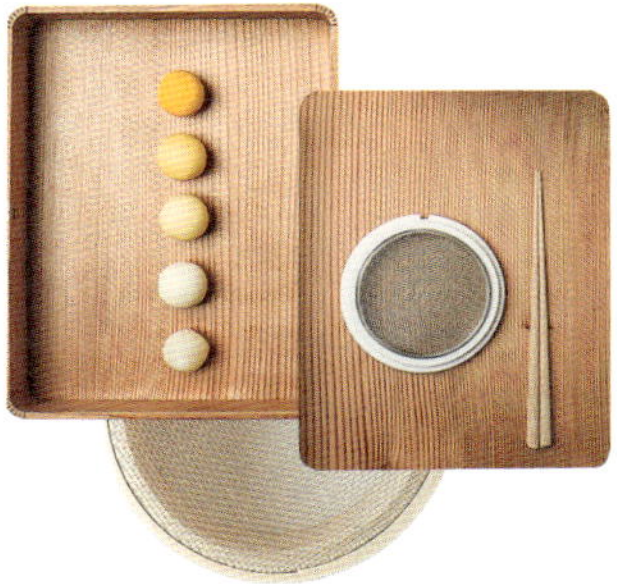

＊ふっくら仕上げるポイントは箸づかい。
そぼろをつぶさないように持ちましょう。

一

4色の生地をそれぞれ丸める。
1色ずつ目の粗いこし器にのせ、
親指のつけ根で
手前から向うへ押し出すようにして、
それぞれそぼろ状にこす。
＊編み目の上から下に押し出す。

二

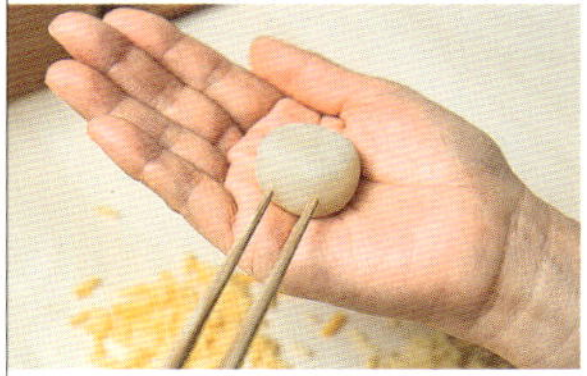

丸めた中あんを手のひらにのせて
箸を浅く刺す。

三

底になる部分に
形の整っていない
そぼろをつける。

四

箸を抜いて三を指の上にのせて、
4色のそぼろを中あん全体に
まんべんなくランダムにつける。

五

残ったそぼろを集めて
もう一度丸め、目の細かい
こし器でそぼろ状にこす。
＊丸めた生地を編み目の下から
上に押し出す。

六

細かいそぼろを四の数か所に
バランスよくつける。

写真11頁

流鏑馬

YABUSAME

白色

白あん

材料（1個分）

練りきり ……………… ［白色］25g

中あん［白あん］ ……………… 15g

道具

三角棒

竹ぐし

一　白色の生地を丸めて平らにし、
中あんを包む（包あん p.76）。

二　一を写真のような形に整える。

三　二の細い側を上にし、右から1/3のところに、
三角棒を右に倒して線を入れる。

四　三の細い側を手前にして持ち、
線の右側の丸い部分を
指で2か所伸ばして羽を作り、
羽の右側をつまんで矢羽の輪郭を形作る。

五　線の左側にも、
四と同じ要領で矢羽を作る。

六　指で羽先をとがらせ、
三角棒で羽の中心を整える。

七　三角棒で矢羽に中心線を入れ、
指で羽の下部をつまむように押さえて
形を仕上げる。

八　竹ぐしで、羽の片側に
6本ずつ線を入れる。

二

三

四

五

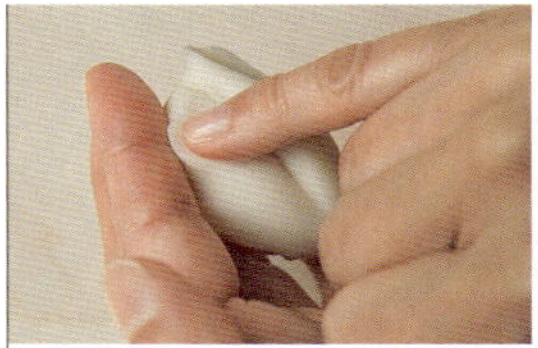

六

写真9頁

さくら

SAKURA

さくら色　白色　山吹色　こしあん

材料（1個分）

練りきり……［さくら色］20g、
［白色］5g、［山吹色］少量

中あん［こしあん］……15g

道具

三角棒
竹ぐし
きんとん箸または
先の細い箸
茶こし

一　白色の生地を丸めて平らにし、
さくら色の生地を包む（包みぼかし p.77）。

二　一を丸めて形を整えて中あんを包み
（包あん p.76）、そろばん玉形に整える。

三　中心を決め、三角棒で
底側から上中心に向かって、
5本の筋を入れる。

四　筋の間に指を当て、そろばん玉の
一番ふくらんでいるところを押し出して
花びらを形作る。
＊花びらを伸ばすときは
数回に分けて指をすべらせるようにする。

五　竹ぐしで上中心の5本の筋の
真ん中に花心の線を入れ、
三角棒で花びらの中心にくぼみを入れる。

六　茶こしで山吹色の生地を
こしてそぼろ状にし、上中心につける。

七

八

二

三

四

五

六

まかろん

MACARON

写真13頁

白あん　抹茶あん　山ももあん　白あん　こしあん

材料（トレー2枚分）

白あん……100g
上白糖……25g
卵……1個（卵黄、卵白に分けておく）
上用粉……10g
薄力粉……10g
中あん……こしあん、白あん、山ももあん、抹茶あん各少量
着色料……赤、青、黄、緑各少量
離型油（ミズキリ）またはショートニング……少量

＊フレーバーあんは、白あんに各ピューレを好みの量練り混ぜて作る。

道具

水まんじゅう型トレー2枚
ボウル
ゴムべら
粉ふるい（ストレーナー）
ハンドミキサー

一　白あんに卵黄を加え、ペースト状になるまでよく混ぜる。

二　ふるいにかけた上白糖を加え、混ぜ合わせる。

三　ふるいにかけた粉類を数回に分けて加え、混ぜ合わせる。

四　生地を5等分に分け、ごく少量の着色料で好みの色をつける。
＊卵白を入れる前に、色を決めておくことがポイント。
＊着色は、少量の水で溶いた食用色素を使う。

五　卵白をしっかり泡立て、5等分して各色の生地に入れ、メレンゲをつぶさないようにさっくり混ぜ合わせる。

六　離型油を塗ったトレーに、生地を8分目くらいまで流し入れる。トレーを少し持ち上げて作業台にトントンと落として空気を抜く。

七　六を蒸し器に入れ、強火で約3〜4分蒸す。
＊蒸し器のふたは露取り用の布巾で包む。

八　蒸し上がったら生地をトレーから取り出し、固く絞った布巾の上で冷ます。

九　生地2個の間に好みのフレーバーあんをはさむ。
＊生地は好みの2色を組み合わせる。

一

二

三

四

五

六

写真10頁

茶つみ

CHATSUMI

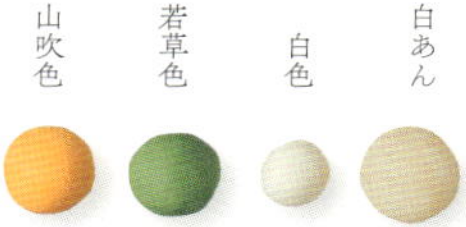

材料（1個分）

練りきり……［山吹色］10g、［若草色］13g、［白色］5g

中あん［白あん］……10g

飾り用オブラート粉……少量

道具

刷毛

一　若草色の生地を丸めて平らにし、中あんをのせて包む（包あん p.76）。

二　山吹色の生地を平らにし、一をのせて途中まで包む。山吹色の生地に若草色をぼかし出し（埋め込みぼかし p.78）、中あんの残りの部分を包む。

三　白色の生地を平らにし、二のぼかし側をのせて途中まで包み、白色の生地に内側の生地の色をぼかし出し（埋め込みぼかし p.78）、残りの部分を包む。

四　刷毛の先にオブラート粉をつけて三の上部に適量まぶし、余分な粉を落とす。

二

三

四

なつ

SUMMER

山と海に囲まれた鎌倉では、
昔ながらの夏を感じることができます。
木々の緑が少しずつ深さを増し、
紫陽花が見頃を迎え、池や川には蛍が舞い、
由比ヶ浜の花火大会などが続く季節。
大木に覆われた山側は
降り注ぐような蝉しぐれに包まれます。
この時期、自然を映す練りきりには、
雨後の風情や朝露を錦玉羹で表すなど
涼しさの演出は欠かせません。
海や空を題材にした作品には、
海岸で眺める空と波を表現しました。

盛夏の朝茶事

早朝から咲く夏の花を
茶巾絞りの技法で作ります。
薄手の絹製の布巾の真ん中に
ビー玉を留めつけて、
だれもが美しく成形できる方法をご紹介。
目の覚めるような群青色の一輪に
透明な錦玉羹と葉をあしらって、
咲いたばかりの朝顔を
みずみずしく涼しげに仕上げます。

ASAGAO

朝顔

作り方32頁

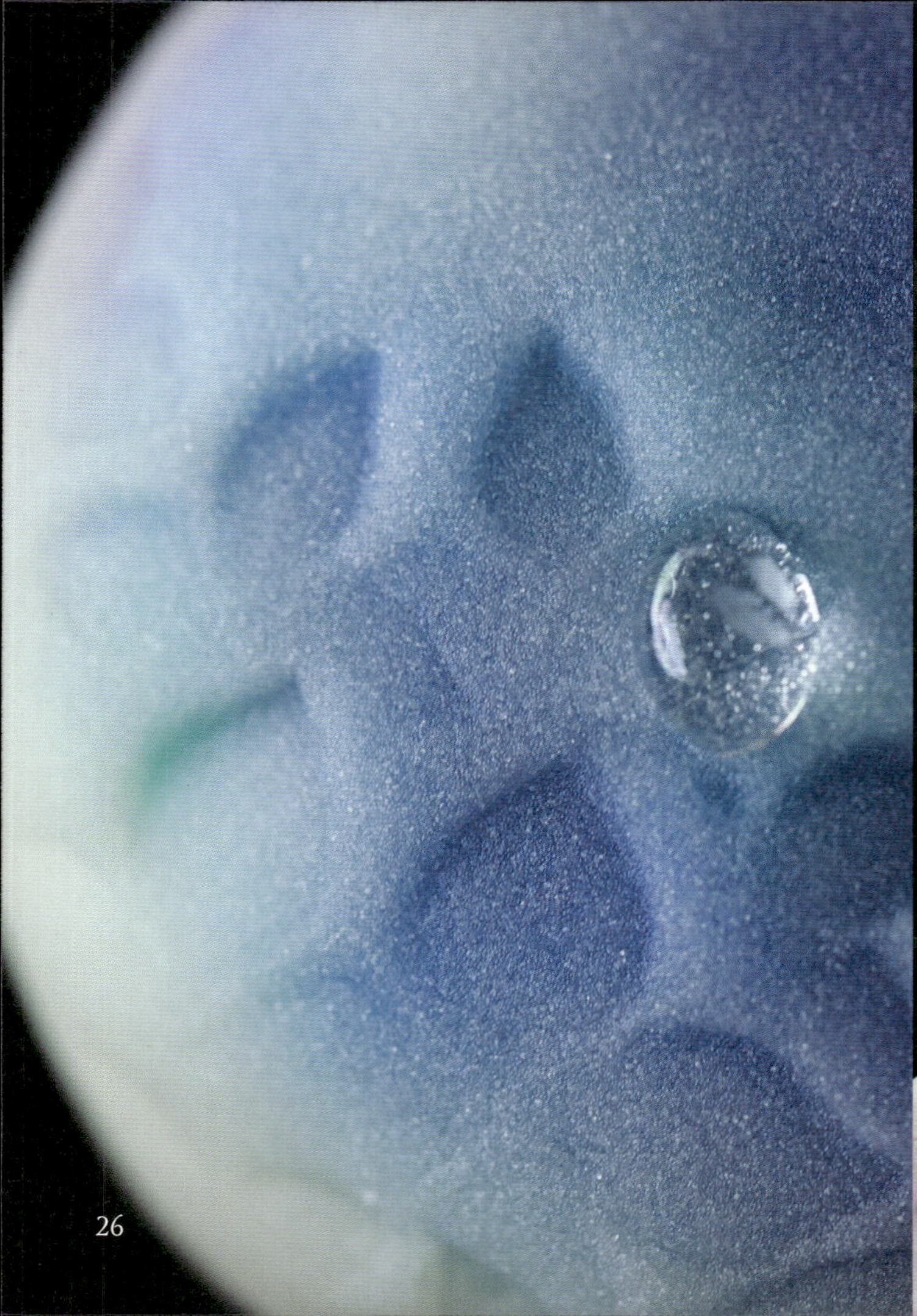

水無月の散歩

紫陽花

AJISAI

— 作り方34頁 —

夕涼みの誘い

DAHLIA

だりあ

作り方33頁

七夕茶会

さらさらと葉を揺らす竹を
簡素な見立ての技法で表しました。
包みぼかしの技法で色づけして
形作った生地に、何種類かの筋を
組み合わせて仕上げます。
抹茶色のぼかしの入れ方
太い竹の角度や本数はお好みで。
笹の節句ともいわれる七夕を
季節の和菓子で祝います。

竹林

CHIKURIN

作り方35頁

暑気払い

夏空

NATSUZORA

——作り方36頁——

夏の名残

桜貝

SAKURAGAI

作り方37頁

朝顔

ASAGAO

写真25頁

材料（1個分）

練りきり……［群青色］23g、［白色］少々
中あん［こしあん］……15g
飾り用練りきり……［灰緑］少量
飾り用錦玉羹……少量

道具

きんとん箸
　または先の細い箸
ビー玉入り絹布巾
抜き型（葉）

一

群青色の生地を平らにつぶし、
丸めた中あんをのせる。

二

生地で中あんを包む
（包あん p.76）。

三

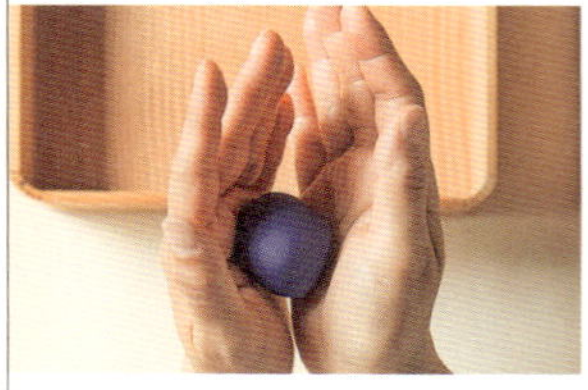

両手で柔らかく転がして、
きれいな丸形に形を整える。

四

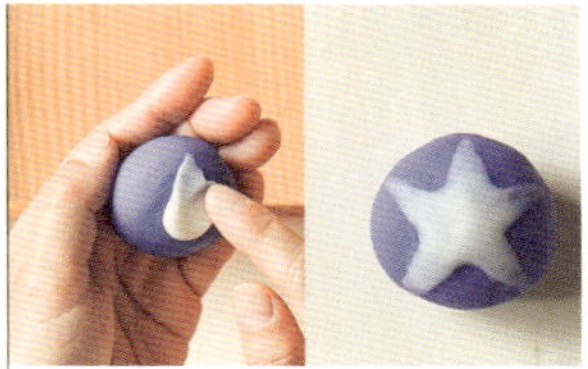

上部の中心を決めて
白色の生地を貼り、指先で
星形に広げる（貼りぼかし p.78）。
*貼る部分を水で少し湿らせると、
つけやすい。

五

星の中心に
布巾のビー玉部分をのせ、
生地を布巾でくるむ。
*布巾の真ん中にビー玉を入れて
根もとをとめ、てるてる坊主状にする。
*絹布巾は水でぬらして固く絞り、
キッチンタオルで
余分な水分をとっておく。

六

ビー玉を生地に埋め込む。
*ビー玉を押しながら、
指で全体の形を整える。

七

静かに布巾を開いて
生地を取り出す。

八

くぼみにさいころ形、花びらの上に
水滴状の錦玉羹をのせ、
蔓と葉の飾りをつける（p.50 参照）。

だりあ

DAHLIA

写真27頁

材料（1個分）

練りきり ……………［薄紅藤色］20g、
［白色］5g

中あん［白あん］……………15g

道具

細工ばさみ
細工棒

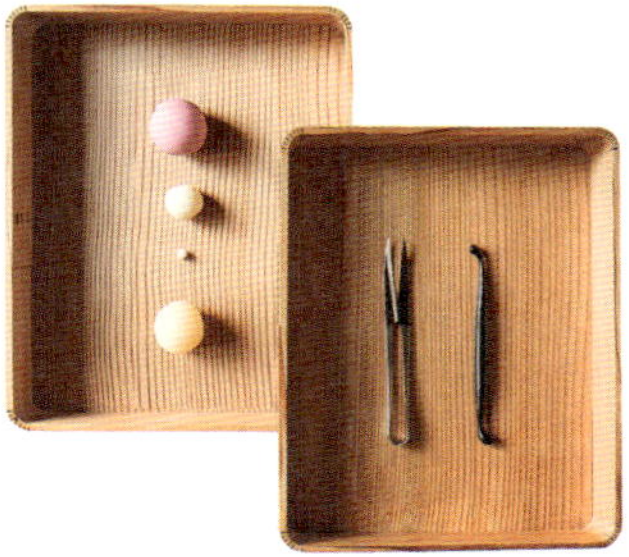

＊生地が柔らかいと切りにくいので、生地の固さを調節する（p.66参照）。
＊切るたびにはさみの先をぬれ布巾でふく。

一

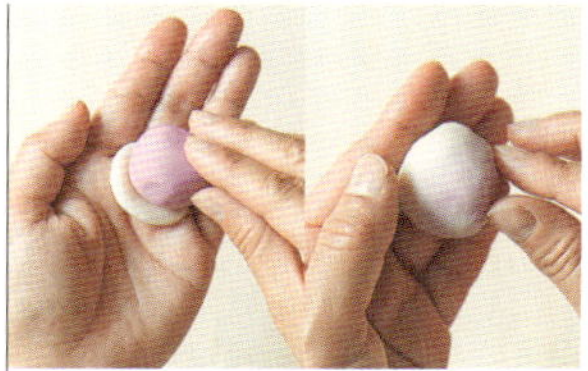

白色の生地を平らにし、薄紅藤色の生地を包む（包みぼかし p.77）。

二

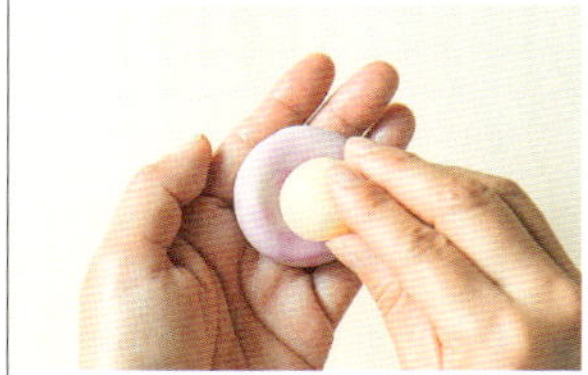

丸めて形を整えた一を平らにし、中あんを包む（包あん p.76）。

三

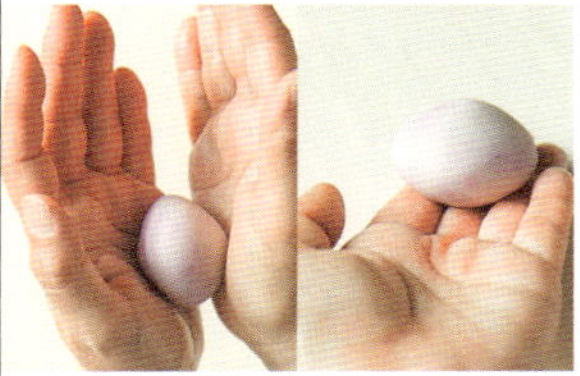

両手で転がして生地をそろばん玉形に整える。

四

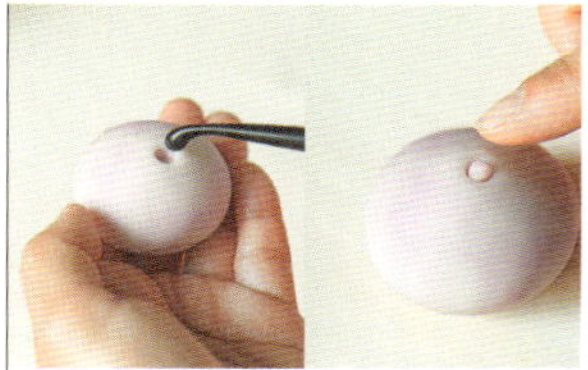

中心を決めてくぼみをつけ、白色の生地の小さな玉を入れる。

五

中心の玉のまわりに1段めの刻みを入れる。1枚ごとに花びらを起こす。

六

1段めの花びらの間に2段めの花びらを刻む。
1段めよりやや大きめにする。

七

同じ要領で花びらが重ならないように、1段ごとに少しずつ大きく刻みを入れていく。

八

底を残し、側面の周囲に花びらを刻む。

column 1 成形と保存

練りきり生地はとても乾きやすい素材です。空調や扇風機の風に当たるだけでも乾燥が早まるので、成形するときは手早く作業を進めることが大切です。作っている途中やまとめて何個も作るとき、使わない生地などは、必ずラップフィルムをかぶせるか包んで乾燥を防ぐようにしましょう。

出来上がった練りきりは、1個ずつ専用ケースに入れるか密閉容器に入れて乾燥を防ぎます。常温または冷蔵庫で保存し、2日以内に食べきるようにしてください。

写真26頁

紫陽花

AJISAI

材料（1個分）

練りきり……［白色］20g、［青紫色］2g、
［藤色］2g、［紅梅色］2g
中あん［白あん］……18g
飾り用錦玉羹……少量

道具

押し型（花びら2種）
きんとん箸
または先の細い箸

一　白色の生地を平らにし、中央にくぼみをつける。

二　丸めた青紫色、藤色、紅梅色の
生地3個を軽くまとめ、一のくぼみにのせる。

三　手のひらで二を軽く押さえ、
中あんをのせて、半分ほど包む。

四　白色の生地の表面を指で薄く伸ばし、内側の生地の色を
好みの色合いにぼかし出す（埋め込みぼかし p.78）。

五　中あんの残りの部分を白色の生地で包む（包あん p.76）。

六　上部に大小の押し型で、花びらをバランスよく押す。

七　水滴状の錦玉羹をのせて、仕上げる（p.50 参照）。
＊プロセスでは紫系の色を解説。
別の色を作る場合は、写真を参照して好みの色味の
濃淡3色の生地を用意してプロセスと同じ要領で作る。

三

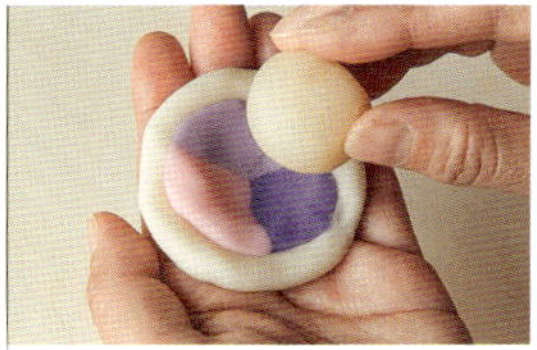

五

六

写真29頁

竹林 CHIKURIN

抹茶色　白色　白あん

材料（1個分）

練りきり ……… ［抹茶色］20g、［白色］5g

中あん［白あん］……………………18g

道具

千筋板

竹箸

竹ぐし

一　白色の生地で抹茶色の生地を包む（包みぼかし p.77）。

二　一を平らにし、中あんを包む（包あん p.76）。

三　生地を卵形に成形し、上部を平らにする。

四　側面の形、尖った部分の形を整える。

五　生地の上部を下にして千筋板にのせ、
軽く押さえて筋をつける。

六　箸先を生地に押し当て、竹の節間3本の印をつける。
＊少しずつ力を抜きながら描くのがポイント。

七　六の節間の間に、竹ぐしで2本横線を入れて節をつける。

四

五

六

七

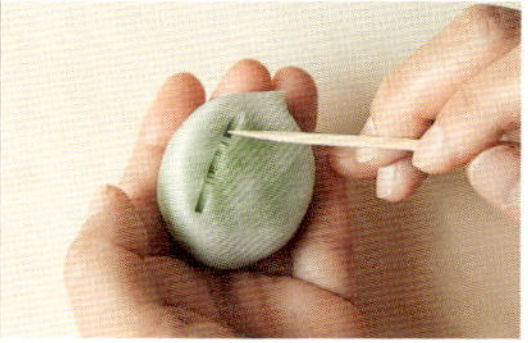

写真 30頁

夏空

NATSUZORA

群青色　白色　白あん

材料（1個分）

練りきり……［群青色］25g、［白色］2〜3g

中あん［白あん］……18g

銀粉……少量

道具

三角棒

竹ぐし

一　群青色の生地で中あんを包む（包あん p.76）。

二　フットボール形に形を整える。

三　生地の上と前を決め、小さく丸めた白色の生地を用意する。

四　生地の上前 $\frac{2}{3}$ のところに、白色の生地を1個ずつのせ、生地になじませながら雲の形に貼っていく（貼りぼかし p.78）。

五　生地の下前から $\frac{1}{3}$ のところに、三角棒で横に線を入れる。

六　五の線のところどころに竹ぐしで銀粉をつけて、仕上げる。

二

三

四

五

写真31頁

桜貝

SAKURAGAI

白色

青色

白あん

材料（1個分）

練りきり ………… ［白色］20g、［青色］5g
中あん［白あん］ ………… 15g
飾り用練りきり ………… ［薄桜］少量
しんびき粉 ………… 少々

道具

きんとん箸
　または先の細い箸
菓子木型（貝）

一　白色の生地を平らにして中心にくぼみをつけ、
青色の生地を埋め込む。

二　一に中あんをのせて、途中まで包む。

三　白色の生地の表面を指で薄く伸ばし、
上部の2か所に青色を
好みの色合いにぼかし出す（埋め込みぼかし p.78）。
＊中心に白い生地を残し、左右に色を出す。

四　中心に残した白色の生地をつまみ出し、
先端を引きちぎるようにして形を整え、
指で波の形に成形する。

五　型抜きした桜貝（p.50 参照）、しんびき粉を
生地にあしらって、仕上げる。

一

三

四

あき

AUTUMN

暑い盛りを過ぎると、虫たちの饗宴の始まり。
朝夕はひんやりした空気に包まれ、
祭礼や神楽、七五三など、
神社仏閣の多い古都ならではの催しを通して、
歴史や文化に触れられる季節です。
茶の湯とも関わりの深い練りきりにとっては、
澄み切った夜空に浮かぶ月、
鮮やかに色が変わる紅葉、
ひっそりと路地に咲く秋草、
どれもが季節を映す題材になります。
細工棒を使った伝統的な技法から
モダンなデザインまで
練りきりと浮島で秋を表現します。

菊花の宴

重陽の節句の頃には
菊花を型取った練りきりでおもてなし。
二つのぼかしで生地をまとめ、
三段に重なり合う花びらを
三角棒と細工棒で表現する上級編です。
平安時代の宮中行事から続く催しを
菊づくしのしつらえと
美しい上生菓子と抹茶で
お楽しみください。

OTOMEGIKU

乙女菊

—作り方48頁—

観月の宵

TSUKIMI

月見

—作り方49頁—

名残の茶会

ENSO

円窓

―作り方53頁―

紅葉狩り

秋も深まり木々が色づく頃は、
練りきりとエスプレッソで
ゆったりくつろぎのひとときを。
葉っぱ形に成形した生地を、
色鮮やかな天然パウダーで仕上げます。
生地とパウダーの組み合わせは、
好みの色と風味でアレンジを。
色とりどりの練りきりで、
紅葉の季節を味わいます。

落葉

RAKUYO

作り方52頁

野遊びの会

秋草

AKIKUSA

— 作り方51頁 —

神社を巡る

石だたみ

ISHIDATAMI

―― 作り方52頁 ――

乙女菊

OTOMEGIKU

写真41頁

材料（1個分）

練りきり……［青紫色］20g、［白色］5g、［山吹色］1g

中あん［こしあん］……15g

道具

三角棒

細工棒

一

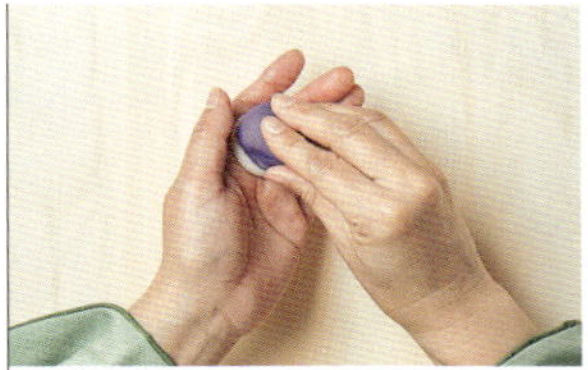

白色の生地を平らにし、
青紫色の生地を包む
（包みぼかし p.77）。

二

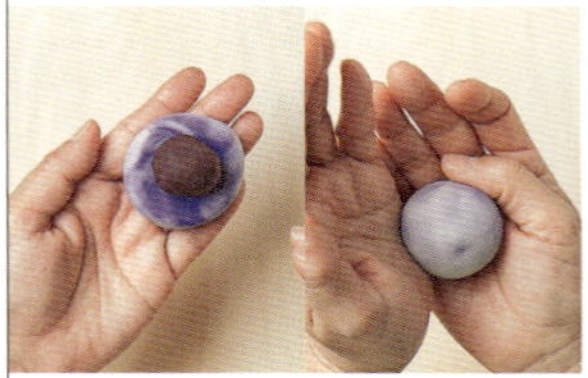

一を平らにして、
中あんをのせて包む（包あん p.76）。

三

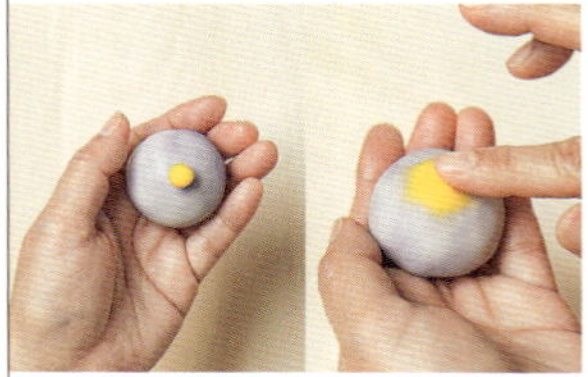

二をそろばん玉形に整え、
上中心に山吹色の生地をのせ、
周りをなじませる（貼りぼかし p.78）。

四

三角棒で側面に16本の線をつける。
＊最初に十字の線をつけ、その間を2等分、さらに2等分すると分割しやすい。

五

細工棒で生地を軽く押し出して、
そろばん玉の一番ふくらんでいる
ところに1段めの花びらを作る。

六

五と同じ要領で2段めの花びらを作る。
＊1段目と2段めで細工棒の
先の大きさを変える。

七

六と同じ要領で、
3段めの花びらを作る。

八

少量の山吹色の生地を丸めて
三角棒の先端に入れる。

九

三角棒の先端を上中心に押し当て、
山吹色の花芯を形作る。

TSUKIMI 月見

写真42頁

材料（1個分）

練りきり……［白色］20g、［群青色］10g

中あん［白あん］……15g

飾り用練りきり……［山吹色］少量

ココアパウダー……少量

道具

焼き印（うさぎ）

一

丸めた白色の生地を平らにして、真ん中をくぼませる。

二

群青色の生地を丸めて一のくぼみにのせ、平らにする。

三

二に中あんをのせ、途中まで包む。

四

白色の生地を伸ばして、群青色のぼかしを好みの色と形に出す（埋め込みぼかし p.78）。

五

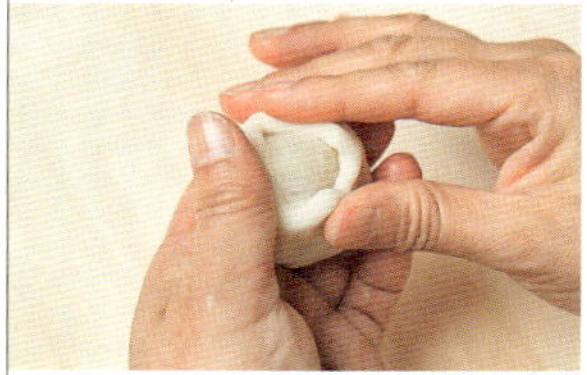

残りの、包んでいない部分の中あんを包む（包あん p.76）。

六

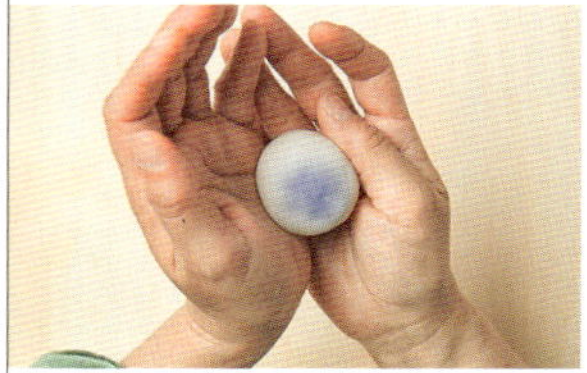

両手で転がして、形を整える。

七

飾り用の山吹色の生地を丸めてのせ、周囲をなじませる（貼りぼかし p.78）。

八

ぬれ布巾で湿らせた焼き印に、ココアパウダーをつける。

九

右下に焼き印を押し当て、うさぎの印をつける。

column 2 飾りの種類と作り方

仕上げの飾りは、生地で作るだけでなく、
いくつかの方法を使いました。

一 南天の葉、二 茎ほうじ茶（ともに姫りんご）／ それぞれ練りきりに飾りました。

三 蔓と葉（朝顔）／ 細長い蔓は少量の練りきり生地を転がして成形。葉は生地をクッキングシートにはさみ、めん棒で薄いシート状に伸ばし、抜き型で抜きます。

四 錦玉羹（朝顔、紫陽花）／ 100gの水に2gの粉寒天を入れて溶かし、火にかけてしっかり加熱します。グラニュー糖100gを加え、再度煮詰めます。これをバットに流し入れてシート状に固め、包丁でさいの目に切るとさいころ状。クッキングシートの上に、スプーンで少量ずつ垂らして固めると水滴状の錦玉羹になります。

五 貝（桜貝）／ 淡く色づけした練りきり生地を木型に詰めて、取り出します。木型の縁まで生地を入れると大きく、木型に浅く詰めると小ぶりに作ることができます。

秋草

AKIKUSA

写真46頁

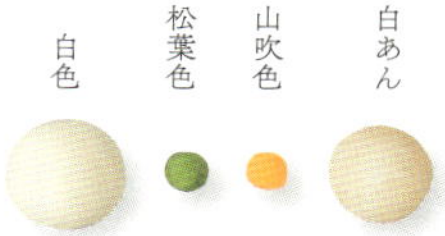

材料（1個分）

練りきり……［白色］23g、［松葉色］1g、［山吹色］1g
中あん［白あん］……15g
飾り用しんびき粉……［卵色］少量
着色料……黄色少量

道具

三角棒
竹ぐし

一　白色の生地を丸めて平らにし、中あんをのせて包む（包あん p.76）。

二　細長く丸めた松葉色の生地を、一の右側につける。

三　松葉色の生地の上端、下端を指で伸ばしてぼかし、葉を形作る。

四　三角棒を葉の左側の輪郭にそって斜めに当てる。

五　葉先の下に竹ぐしを入れ、形にそって葉を起こし、葉の形を整える。

六　葉の左側に山吹色の生地をつけ、周囲をなじませる（貼りぼかし p.78）。

七　貼りぼかしのところに、しんびき粉をつける。
＊しんびき粉は、卵色に着色しておく。

二

三

四

五

六

七

石だたみ

ISHIDATAMI

写真47頁

（作り方はp.20「まかろん」を参照）

材料（12本分）

- 白あん……200g
- 上白糖……50g
- 卵……2個
  （卵黄、卵白に分けておく）
- 上用粉……20g
- 薄力粉……20g
- 黒ごま、黒ごまペースト……各適量
- 離型油（ミズキリ）または ショートニング……少量

道具

- 製氷皿（蒸し器に使用できる素材のもの）
- すり鉢
- すりこぎ
- 粉ふるい（ストレーナー）
- ゴムべら
- ハンドミキサー

一　白あんに卵黄を加え、ペースト状になるまでよく混ぜる。

二　ふるいにかけた上砂糖を一に加え、混ぜ合わせる。

三　粉類を合わせてふるいにかけて二に加え、混ぜ合わせる。

四　三を３～４等分に分け、それぞれに好みの分量の黒すりごま、
黒ごまペーストを入れる。
＊黒ごまは、すり具合の違う数種類を準備し、
ペーストと組み合わせるなどして、色と風味をアレンジする。

五　しっかり泡立てた卵白を四の生地に入れ、混ぜ合わせる。

六　離型油を塗った製氷皿に、生地を８分目くらいまで流し入れ、生地の空気を抜く。

七　六を蒸し器に入れ、強火で約10分蒸す。
＊蒸し器のふたは露取り用の布巾で包む。

八　蒸し上がったら生地を製氷皿から取り出し、固く絞った布巾の上で冷ます。

落葉

RAKUYO

写真45頁

材料（1個分）

- 練りきり……［橙色］（または［抹茶色］、［こしあん］）23g
- 中あん［白あん］……15g
- 飾り用パウダー（抹茶、紫いも、かぼちゃ）……少量

道具

- 葉脈の型
- 茶こし
- 三角棒

一　橙色（または抹茶色、こしあん）の生地を平らにして、
中あんをのせて包む（包あん p.76）。

二　舟形に整え、上側を板に当てて平らにする。

三　上面の縁を指でつまんで角を作り、葉の形に整える。

四　三に葉脈の型をのせ、
飾り用パウダー抹茶（または紫いも、かぼちゃ）を
茶こしでこして振りかける。

五　静かに型を外し、葉先と葉枝側をつまんで、
葉の形を仕上げる。

六　三角棒で側面の葉の周囲に刻みを入れる。

三

四

五

六

写真43頁

円窓

ENSO

こしあん
金茶色
薄緑色
柿色
栗色
橙色

材料（1個分）

練りきり …………… ［橙色］15g、
［栗色］13g、
［柿色、薄緑色、金茶色］各1g
中あん［こしあん］ …………… 10g

道具

千筋板、抜き型（円形）
クリアファイルまたは厚紙（型紙用）
スケッパー
細板（幅2.5×長さ30×厚さ0.4cm）2本
めん棒（細めの棒状のもの）
キッチンペーパー
竹ぐし

一　橙色の生地を平らにして、中あんをのせて包む（包あん p.76）。

二　一を高さ2cm、一辺が3cmほどの角の丸い四角柱にまとめる。

三　生地の上部の中心に、薄緑色、柿色、
金茶色3色の生地を好みの配置でのせ、軽く押さえる。

四　3色の生地の境目、周りをそれぞれなじませる（貼りぼかし p.78）。

五　千筋板で上部に縦線を入れる（p.35 参照）。

六　栗色の生地をシート状に伸ばし、
3×10cmの大きさに整える（p.16 参照）。

七　六の中心に抜き型で穴をあける。

八　五の貼りぼかしのところに穴部分がくるように
七をのせ、包み込む。

三

四

七

八

ふゆ WINTER

師走に入って空気が澄んでくると、
相模湾越しに富士山がよく見えるようになります。
長谷寺の歳の市など、地元の行事に加えて、
この季節は街中が華やいだ雰囲気に。

一年中、花が楽しめる鎌倉で、
百花に先がけて咲き始めるのが梅の花。
梅の香りと姿に春の訪れを感じ、
寒く長い夜を優雅に楽しみたい季節です。

初春を祝い、願いを込めた練りきりは、
鶴岡八幡宮と七福神の布袋さまゆかりの題材。
冬ならではの情景や鎌倉の自然を
手のひらと指先で表します。

梅見月の誘い

四色、五色の生地を組み合わせ、
何本もの筋を入れた手毬は
金粉、銀粉をあしらった、
愛らしく華やかな仕上がりの練りきり。
長年かけて編み出した方法で、
初心者も手軽に作ることができます。
色数が変わっても作り方の基本は同じ。
好みの配色にアレンジすれば
四季の手毬づくりが楽しめます。

手毬

TEMARI

作り方64頁

夜会

夕暮れ時から行われる茶事に見立てた、
キャンドルの灯だけで過ごす
冬の夜を楽しむおもてなしのひと時。
艶やかなりんごの色合い、
カットするとあらわれる大納言の種が
本物のような楽しさです。
練りきりにあしらう葉は、
庭から摘み取った
本物の植物を使います。

姫りんご

HIMERINGO

作り方67頁

新春の茶会

寿ぎの季節は、鎌倉の神仏ゆかりの
二種の練りきりでおもてなし。
どちらも練りきり生地を伸ばしながら、
袋口や花びらを形作ります。
指先と手のひらで練りきり生地の
厚みを確かめながら、
桃花色が透ける花びらの薄さ、
布袋のひだの表情を
繊細に表現しています。

寒ぼたん

KAMBOTAN

作り方65頁

宝袋

TAKARABUKURO

作り方66頁

初夢を味わう

FUJI

富士

― 作り方68頁 ―

冬至の集い

SHIMOBASHIRA

霜柱

―作り方68頁―

手毬 TEMARI

写真57頁

材料（1個分）

練りきり……………［真紅色］12g、［白色］12g

＊色数を増やす場合は、総量が24～25gになるように分量を調整する。

中あん［こしあん］……………20g

飾り用金粉（または銀粉）……………少量

道具

三角棒

竹ぐし

＊プロセスでは2色の生地で作る方法を紹介。
写真の作品を作る場合は、
写真を参照して生地の色数を増やし、
プロセスと同じ要領で作る。

一

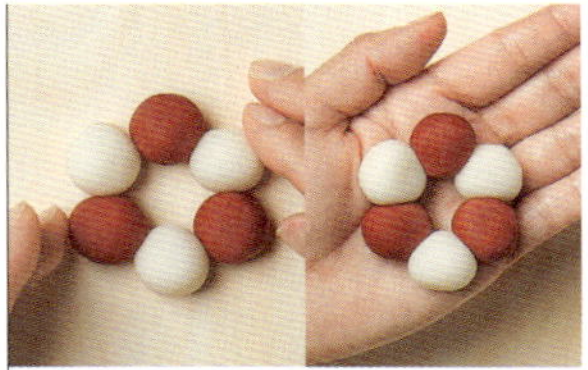

2色の生地をそれぞれ
3等分にして丸め、交互に
円形に並べて軽く平らにする。

二

生地の内側を指で伸ばして、
真ん中を丸くくぼませる。

三

二のくぼみに中あんをのせる。

四

三の生地側を上に向け、
2色の生地の先を均等に伸ばし、
竹ぐしで形を整えて
中心をきれいにつなげる。

五

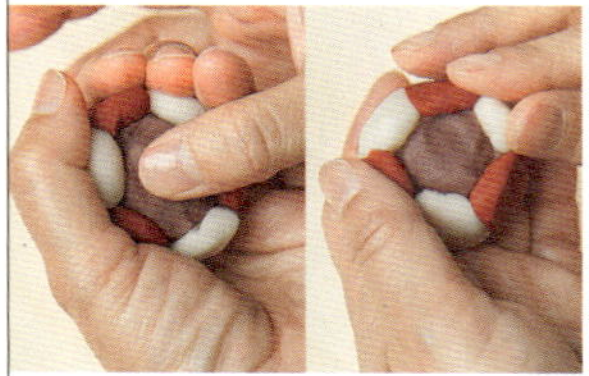

中あん側を上に向け、
中あんを8割くらいまで包む。

六

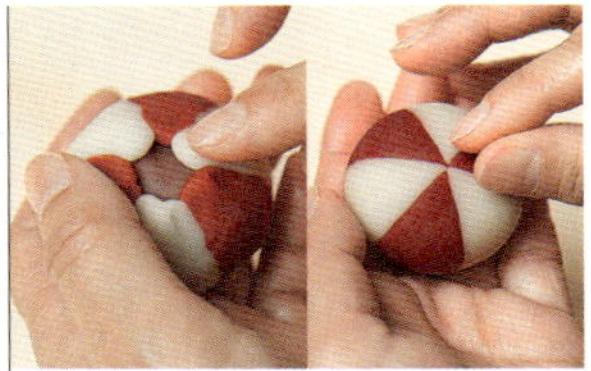

2色の生地の先を均等に伸ばし、
四と同じ要領で中心をつなげる
（包あん p.76）。

七

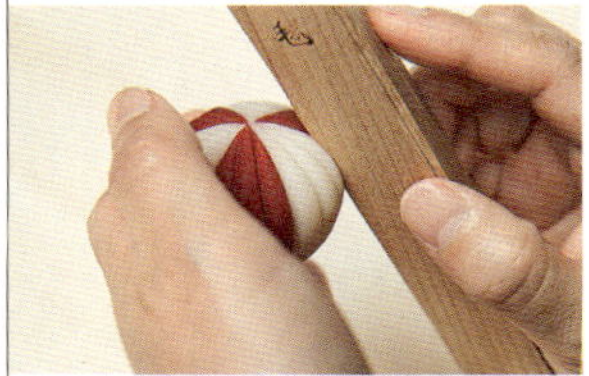

三角棒で生地の側面に
18本の線を等間隔に入れる。

八

上中心に竹ぐしで
少量の金粉（または銀粉）をつける。

寒ぼたん

KAMBOTAN

写真61頁

材料（1個分）

練りきり……………［白色］17g、［桃花色］5g、［卵色］2g、［松葉色］少量

中あん［白あん］……………15g

道具

こし器（目の細かいもの）

木製の卵形木型

きんとん箸または先の細い箸

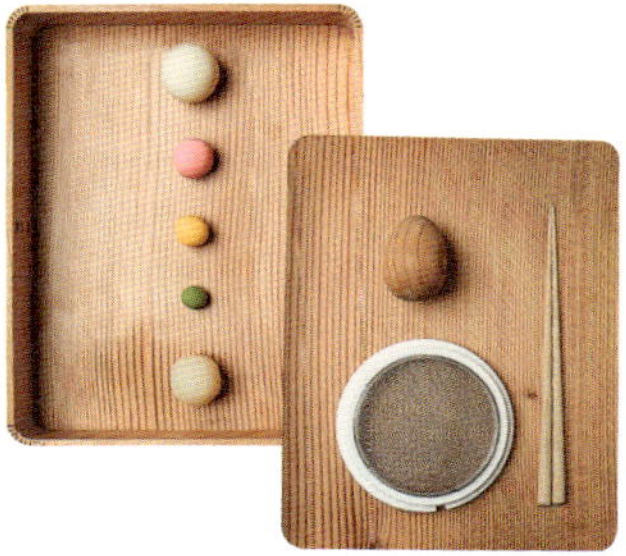

一

白色の生地を丸めて平らにし、真ん中を丸くくぼませる。

二

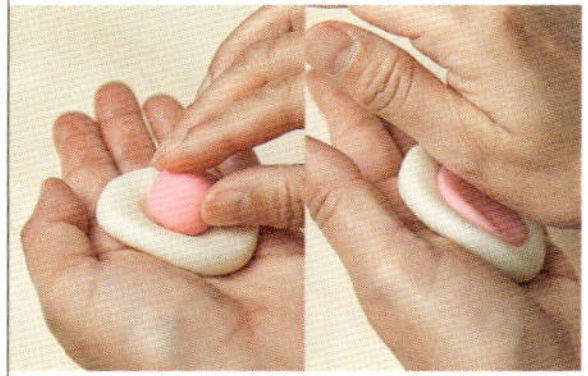

丸めた桃花色の生地をのせて平らにし、なじませる。

三

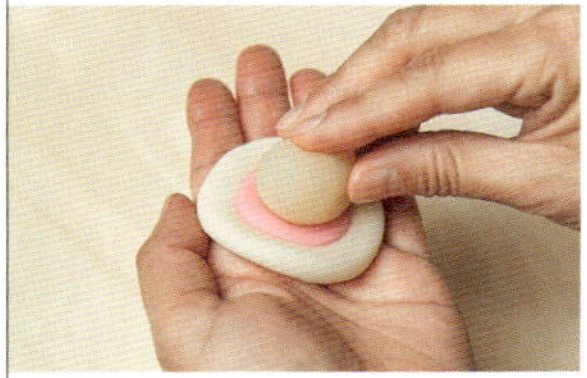

中あんをのせて包み、丸く形を整える（包あん p.76）。

四

桃花色の生地側を上にして、中心に木型の細い側で丸くくぼみをつける。

五

くぼみの縁の生地をつまむように持ち上げ、伸ばしながらひだ（花びら）を作る。

六

卵色の生地をこし器でこしてそぼろを作り、中心にのせる。

七

つぼみになるように、花びらを内側に寄せる。

八

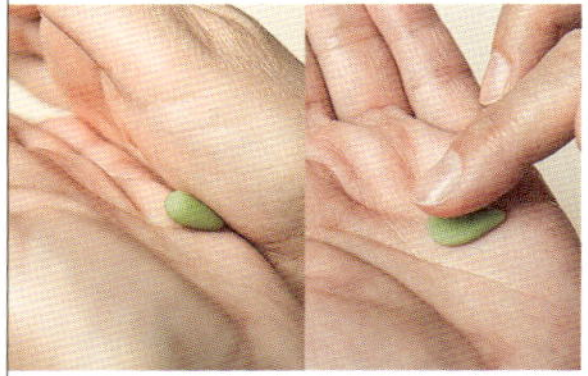

丸めた松葉色の生地の片側を手のひらで伸ばして涙形を作り、平らにしてから正面右につける。

column 3 生地の水分量

練りきり生地は、成形の方法によって水分量を調整すると、作りやすく、きれいに形作ることができます。74頁では普通の固さの作り方を紹介しています。そぼろ状に生地をこすような場合や、形状がシンプルなものにはこの生地を使います。指先や細工棒で生地を伸ばしたり、複雑な形に成形する場合は、少量の水飴を生地に加えてしっとり感が残る程度にゆるめるとよいでしょう。生地を15 ~ 20cmほど左右に伸ばしてみて、生地が切れないくらいの軟らかさが目安です。

写真61頁

宝袋

TAKARABUKURO

材料（1個分）

練りきり……［白色］20g、［紺藍色］5g
中あん［白あん］……15g
飾り用金粉……少量

道具

こし器（目の細かいもの）
きんとん箸
　または先の細い箸
竹ぐし

一　白色の生地を平らにして中あんをのせ、
生地の 3/4 量で包み（包あん p.76）、包み終わりを小さく絞る。
＊包あんが終わると、1/4 の生地が上部に余る。

二　余らせた生地を右上に伸ばしながら、
ひだをつけて袋口の形を作る。

三　紺藍色の生地を細長く伸ばし、
長さ3cmのひも状の生地を2本作る。

四　袋形の生地の絞り口に三のひもの1本を巻きつけ、
もう1本は左右の長さを変えて折り曲げ、
先につけたひもの上につける。
＊巻いたひも側に少量の水をつけると、2本めのひもがつけやすくなる。

五　紺藍色の生地をこし器でこしてそぼろを作り、
箸で折り曲げたひもの両先につける。

六　四で折り曲げた生地に、竹ぐしで金粉をつける。

姫りんご

HIMERINGO

写真59頁

真紅色　橙色　白あん　大納言甘煮

材料（1個分）

練りきり……［真紅色］20g、［橙色］5g
中あん［白あん］……15g
大納言甘煮……3粒
南天の葉、茎ほうじ茶……各1つ

道具

絹布巾
木製の三角錐形木型

一　丸めた中あんの真ん中に、
途中まで穴をあける。

二　一の穴に大納言3個を縦向きに入れ、
中あんで穴をふさぐ。
＊大納言の向きが変わらないように注意して、
作業台によけておく。

三　真紅色の生地を平らにして
真ん中をくぼませ、
橙色の生地をのせて平らにする。
中あんをのせて途中まで包み、
真紅色の生地に橙色をぼかし出したら、
中あんの残りの部分を包んで形を整える
（包あん p.76、埋め込みぼかし p.78）。
＊生地に中あんをのせるときも
大納言の向きが変わらないようにする。

四　三に絹布巾をかぶせ、
木型で生地の上中心にくぼみをつける。
＊絹布巾は水でぬらして固く絞り、
キッチンタオルで余分な水分をとっておく。

五　絹布巾を静かにはずし、
形を整えたら、茎ほうじ茶と葉をつける。

一

二

三

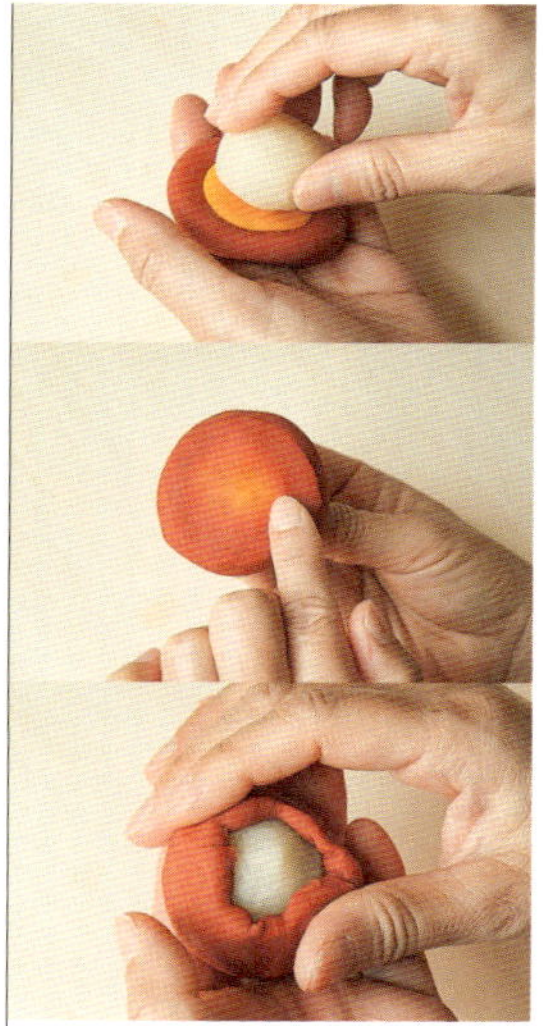

四

五

写真62頁

富士

FUJI

材料（1個分）

練りきり……［白色］16g、［真紅色］3g、
［赤橙色］3g、［橙色］3g
貼りぼかし用［こしあん］……少量
中あん［白あん］……15g
飾り用金粉……少量

道具

三角棒
千筋板
きんとん箸または先の細い箸
竹ぐし

一　白色の生地を平らにし、中心を広めにくぼませる。

二　真紅色、赤橙色、橙色の生地をそれぞれ丸めてくぼみにのせ、
平らにしてなじませる。

三　二に中あんをのせ、途中まで生地で包む。
白色の生地を上にして、3色の色をぼかし出す（埋め込みぼかし p.78）。
中あんの残りの部分を包む（包あん p.76）。

四　三をフットボール形に整えて上下左右を決め、
下から ⅓ のところに三角棒で横線を一本（水平線）入れる。

五　千筋板で上の ⅔ のところに縞模様をつける（p.35 参照）。

六　こしあんを三角形にして横線の右上につけて
周囲をなじませる（貼りぼかし p.78）。

七　左上に竹ぐしで少量の金粉をつける。

写真63頁

霜柱

SHIMOBASHIRA

材料（1個分）

練りきり……［墨色］15g、［白色］10g
＊墨色は黒ごまペーストを練り込んで作る。
中あん［こしあん］……15g
飾り用氷餅……少量

道具

三角棒

一　墨色、白色の生地をそれぞれ俵形にまとめる。

二　2色の生地の片側を平らにし、
互い違いにずらして重ねる。
重ねたまま平らにして生地をつなぐ。
＊つなぎ目に少量の水をつけて重ねると、つなぎやすくなる。

三　二に中あんをのせ、2色のとじ目が
まっすぐになるように包む（包あん p.76）。

四　墨色が ⅔、白色が ⅓ のところを上にして形を整え、
左から ⅓ くらいのところから
白色の生地を墨色側に伸ばして割れ目を作る。

五　2色の境目のすべてに両側から三角棒を当てて、
縁を立体的に整える。三角棒を当てながら
右側の墨色の生地が長くなるように形作る。

六　細かくほぐした氷餅を、五の右側に少量散らす。

二

三

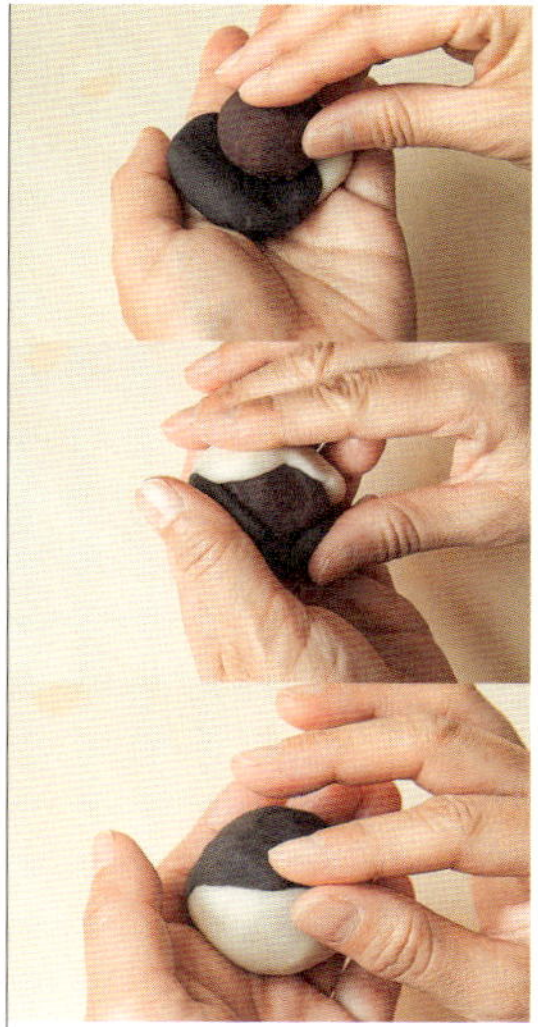

四

五

TOOLS

成形や仕上げに使う道具

本書では、和菓子用の専門道具だけでなく、家庭にあるものや別の用途の道具などを活用。主なものを紹介します。

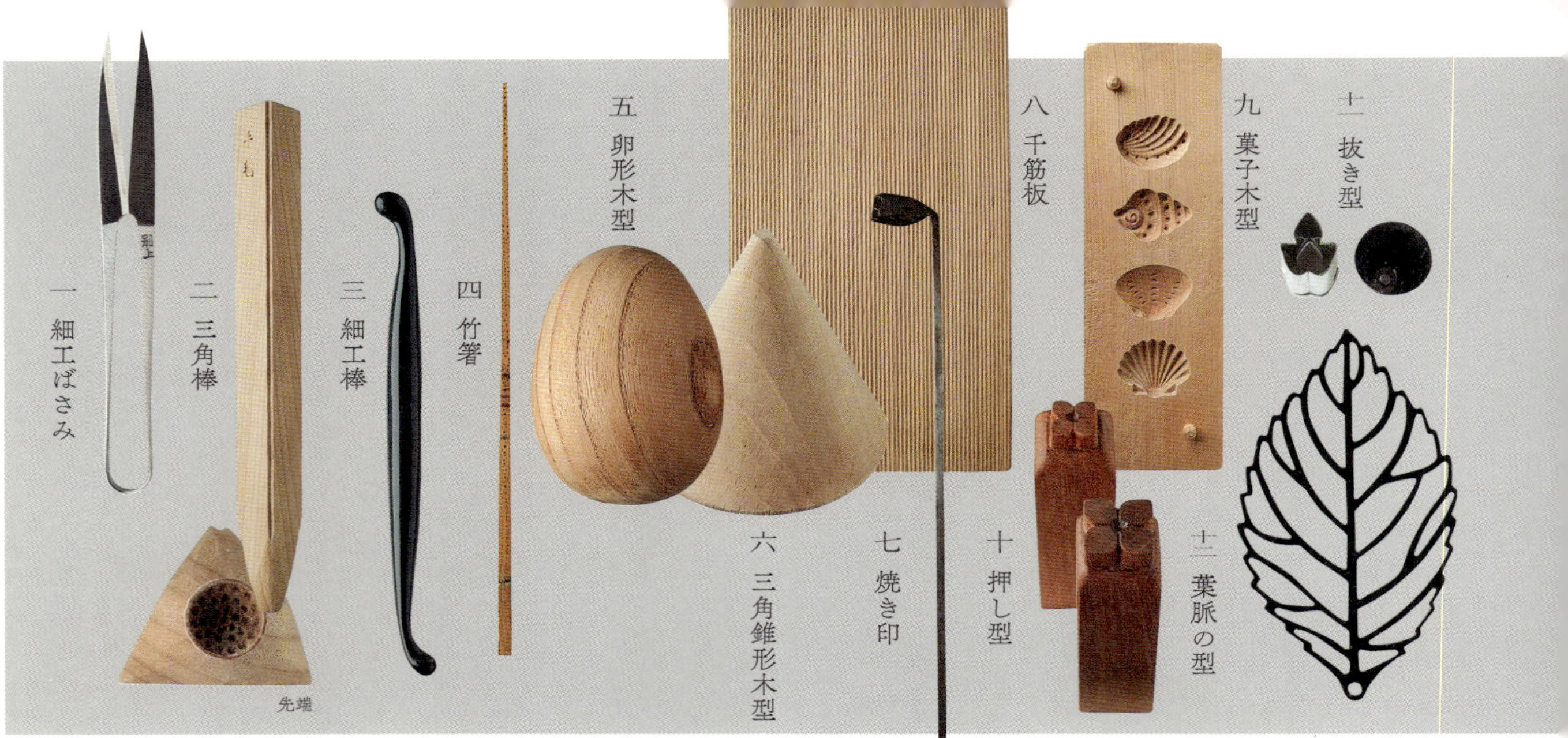

一　細工ばさみ

繊細な花びらを作るときの和菓子専用の用具。本書では刃先が反っているタイプを使っている。

二　三角棒

練りきりに筋をつけたり、成形に使用する細工用の棒。本書では先端に花心を作る彫りが入った菊芯つきを使用。

三　細工棒（マジパンスティック）

マジパンや砂糖細工用の道具。1本に大小２種の大きさの型がついている。繊細な花びらの成形に用いる。

四　竹箸

箸先まで四角形の形を、「竹林」に竹を描くときに用いる。

五　卵形木型

木製の卵。「寒ぼたん」になめらかなくぼみをつけるときに用いる。ホームセンターなどで入手できる。

六　三角錐形木型

木製の三角錐。「姫りんご」の上部にくぼみをつけるときに使用。ホームセンターなどで入手できる。

七　焼き印

和菓子の表面に熱で焼き目を入れるための鉄製の道具。本書では熱で焼かずに、うさぎの模様付けに用いている。

八　千筋板

片面に細い平行線を彫り込んだ板。練りきり生地を押し当てて、筋模様をつける。

九　菓子木型

図案化された動植物が彫られた木型。本書では「桜貝」に使用。骨董店などでも入手することができる。

十　押し型

練りきり生地に印鑑のように押し付け、模様をつけるための型。大小2種を「紫陽花」に用いている。

十一　抜き型

練りきり生地を好みの型に抜くときに用いる道具。本書では葉と円形の２種を使っている。

十二　葉脈の型

透かし模様が施されたアクセサリー用の葉の形のパーツ。「落葉」に粉をかけるときに使用。

十三　長針
練りきりの細部の成形や金箔のような飾りをつけるときに用いる。竹ぐしよりも細かい成形ができるので、あると便利。陶芸用の成形道具。

十四　竹ぐし
十三と同様の目的で使用する。

十五　きんとん箸
和菓子の細工用の箸。先がひじょうに細いので繊細な仕上げができる。

十六　細板
練りきりを均等な厚さのシート状に成形するときに用いる。厚さ0.4cmの使いやすい長さのものを2本セットで用意する。

十七　めん棒（ロールピン）
十六の細板に渡して転がしながら使う。シュガークラフト用の道具。

十八　刷毛
練りきりに粉類をまぶしたり、余分な粉をはらうときなどに使う。

十九　こし器
練りきりの生地をこすときに使う道具は、目の細かさの違う2種を使用。ハンディサイズのこし器は、少量のそぼろを作るときに便利。

二十　絹布巾
成形のときに使う絹製の薄い布巾。練りきり生地を包んで絞るほか、自然な曲線やしわを表現するときにも用いる。

二十一　茶こし
少量の粉類をまぶすときなどに用いる。飾りやまぶし用の粉類を入れてこす。

二十二　水まんじゅう型トレー
直径3.5cmのカップが12個ついた水まんじゅう用の型。「まかろん」に用いる。

二十三　製氷皿
「石だたみ」の生地を流し入れる型に使用。高熱の蒸し器に使える材質のものを選ぶ。
＊型に生地を流し入れる前に、離型油（ミズキリ）を薄く塗っておくと、蒸しあがった菓子を型からきれいに取り出すことができる。

使用する主な材料

INGREDIENTS

基本となる「あん」は好みの市販品を使って、練りきり作りを簡略化しました。生地作りにも、仕上げにも、植物を原料にした材料を使います。

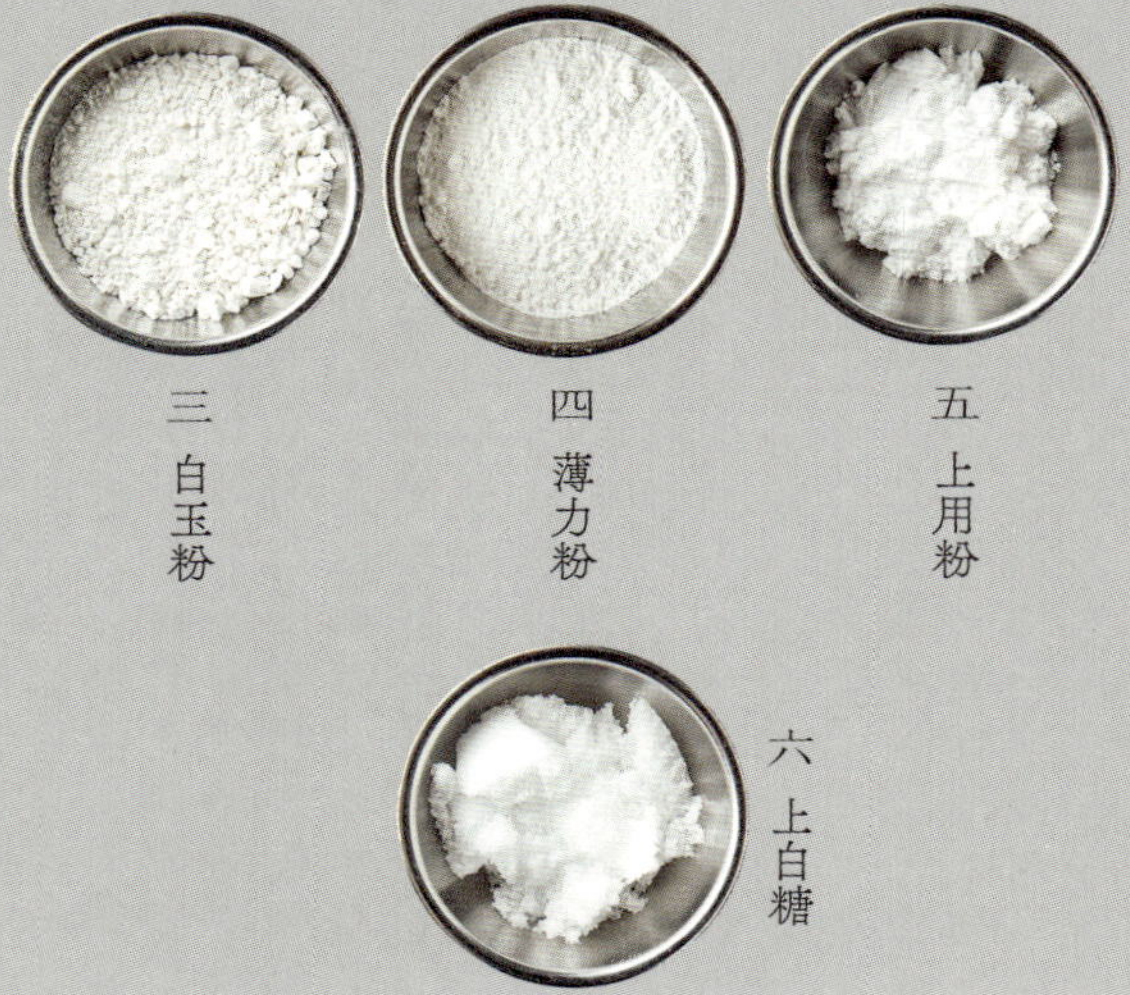

保存方法

空気に触れないようにラップフィルムで包み、さらに密閉容器に入れて保存。一般的に、保存期間は冷蔵庫で1週間、冷凍庫で1か月程度が目安とされるが、糖度によって賞味期限が変わるため、使う分だけを取り分けたら残りはすぐに冷凍保存することをおすすめ。冷凍あんは冷蔵庫で解凍する。

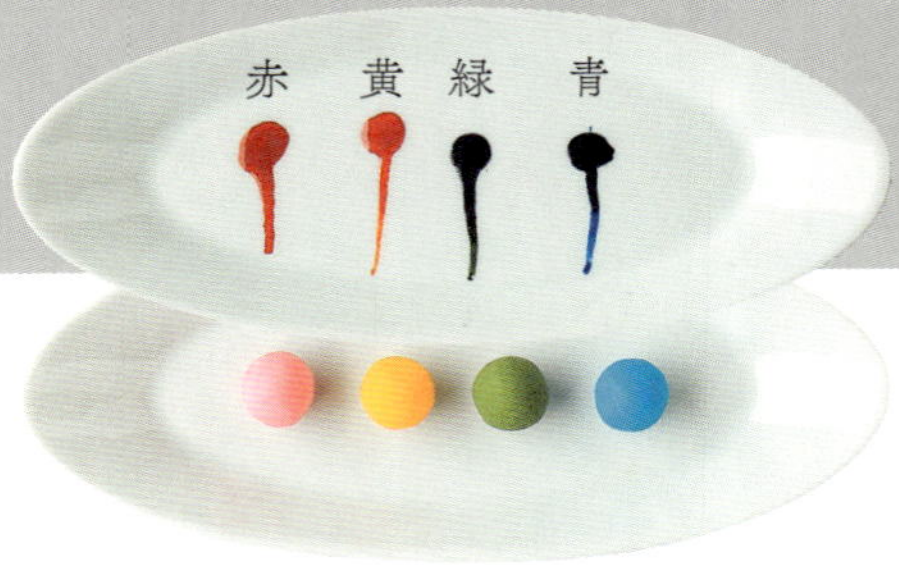

着色について

生地の色づけは、ごく少量の水で溶いた4色の食用色素(粉末)で行います。1滴で濃く鮮やかな色になるため、練りきり生地に水溶き色素を直接加えて色を作るのは慣れが必要です。家庭で練りきりを作る場合は、先に濃いめに着色した色づけ用生地を作るとよいでしょう。この生地を使うことで、色の調整がしやすくなります。残った場合は、ラップフィルムに包み密閉容器に入れて冷蔵庫で保存し、早めに使い切ります。

一　こしあん
小豆から作られたこしあん。練りきりの中あんに使用する。

二　白あん
白いんげん豆から作られたこしあん。中あんや練りきりの生地に使用。

三　白玉粉
練りきりのつなぎとなる求肥の材料として使用。もち米が原料。

四　薄力粉
蒸し菓子の浮島に使う材料。グルテンが少なく粘りけが弱い小麦粉。

五　上用粉
うるち米から作られる、きめ細かな粉。蒸し菓子の浮島に使用。

六　上白糖
甘みをつけるために使用。もっともポピュラーな砂糖。

仕上げ用の材料

七　しんびき粉

八　氷餅

九　オブラート粉

十　黒ごまペースト

十一　黒ごま

十二　抹茶

十三　かぼちゃパウダー

十四　紫いも粉

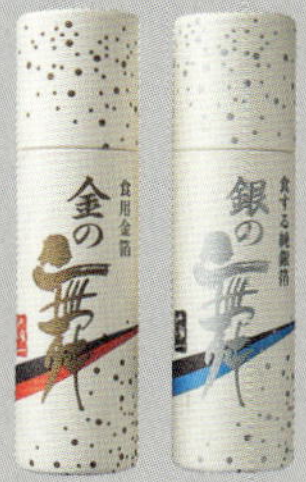

十五　金粉、銀粉

七　しんびき粉（新引き粉）
もち米を原料とした道明寺粉を小さく砕き、煎ったもので、つぶつぶの質感が持ち味。本書では着色して「秋草」の飾りに使用。

八　氷餅
氷のようなパリパリとした質感を霜に見立てて、飾りとして用いる。餅を凍らせてから乾燥して作る、保存食の一種。

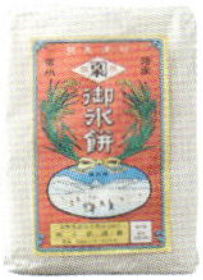

九　オブラート粉
キラキラした質感を生かして飾りに使用。馬鈴薯でんぷんが原料。

十　黒ごまペースト
ペースト状の黒ごま。本書では蒸し菓子の風味づけと色づけ用に使用。

十一　黒ごま
本書では風味づけと色づけのために、すりごまにして蒸し菓子に使用。

十二　抹茶
茶の若芽を加工して粉にしたもの。本書では色と風味を生かしたまぶし用。製菓用パウダーもある。

十三　かぼちゃパウダー
乾燥かぼちゃを粉末に加工したもの。本書では色と風味を生かしたまぶし用。

十四　紫いも粉
紫いもを粉末に加工したもの。本書では色と風味を生かしたまぶし用。

十五　金粉、銀粉
箔を細かく砕いたもの。華やかな仕上げのアクセントとして用いる。

練りきり生地の作り方

NERIKIRI

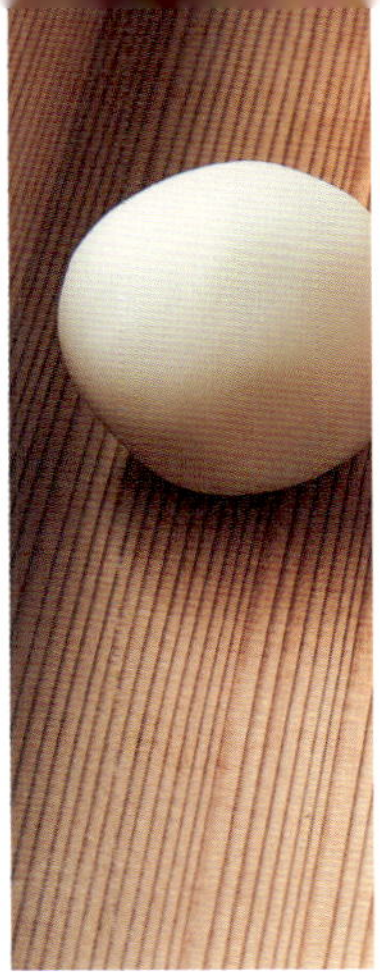

白あんに求肥を練りこんだものが練りきりです。市販の白あんと電子レンジを使って、手軽に作ることができます。

材料（作りやすい分量）

白あん …………………… 200g

求肥（作り方 p.75） …………………… 10 ～ 15g

水飴 …………………… 少々

一

浅い耐熱皿に白あんを平らに広げ、ラップフィルムをかけずに電子レンジ（600W）で2分加熱する。

＊表面積を広くするために、ざっくり広げることがポイント。

二

白あん全体を練り混ぜる。
あとは、白くほっくりするまで短時間の加熱、練り混ぜる作業を繰り返して水分を飛ばす。

二ノ二

粉ふきいもくらいが目安。

＊水分が飛ぶと、白あんは空気を含んで白さを増す。

三

求肥を加えてよく練り合わせ、再度電子レンジで1分加熱する。

四

水飴を入れて練り合わせ、一つにまとまるようになったら生地の完成。

五

餃子くらいの大きさにちぎって作業台に並べ、粗熱をとる。

保存方法

粗熱が取れた生地は、使いやすい大きさにまとめ、ラップフィルムで包んで冷凍保存します。使うときに冷凍庫から必要量を取り出し、自然解凍します。

GYUHI

練りきり用 求肥の作り方

練りきり生地につなぎとして加える求肥を作ります。
作りやすい分量で紹介していますので、
作る分量はアレンジしてください。

材料（出来上り約160g）

白玉粉……50g
水……80g
上白糖……50g
餅とり粉（または片栗粉）……適宜

一

耐熱ボウルに白玉粉を入れて水を加え、つぶつぶを揉みほぐして溶かし、ダマがなくなるまでよく練り混ぜる。

二

一に上白糖を加え、ホイッパーでよく混ぜる。

三ノ一

ボウルにラップフィルムをかけ、電子レンジ（600W）で1分30秒加熱。

三ノ二

取り出して固まりをほぐし、もう一度中心がふくらんでくるまで短時間加熱する。

四

へらに水をつけながらよく練り合わせる。
へらで持ち上げて、ハリとコシがあり、なめらかで透明感のある状態になったら出来上り。

五

餅とり粉を多めに振った作業台に、出来上がった求肥を取り出す。

六

手にも餅とり粉をつけ、五をちぎって小分けする。
＊写真の求肥は1個 20 ～ 25g くらい。練りきり生地 400g を作るときに使う分量です。

保存方法

冷めてから、1つずつラップフィルムで包んで冷凍保存。使うときには必要量を取り出し、自然解凍します。

基本の包み方・ぼかし方

練りきり生地で中あんを包む方法と本書でよく使う3種類のぼかしの手法を紹介します。

包あん

HOAN

練りきり生地で中あんを包むときに必ず使う手法です。固く絞ったぬれ布巾で、手や指を拭きながら作るようにしましょう。

一

練りきり生地を丸め、
手のひらで押して平らにする。

二

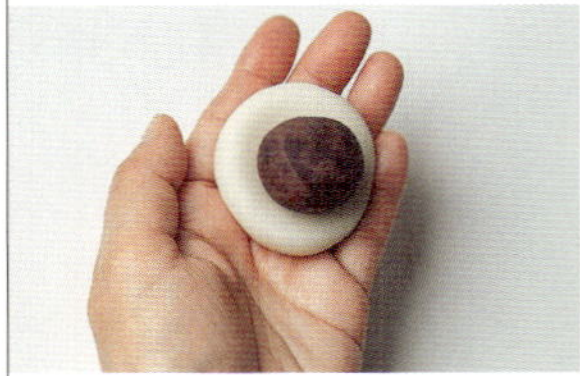

丸めた中あんを、
一の生地にのせる。

三

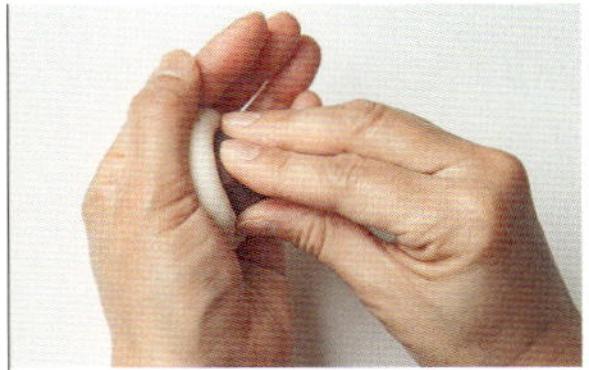

全体を回しながら中あんを押し、

三ノ二

親指の腹で
生地を上に持ち上げるように
包んでいく。

四

中あんの上部まで生地で
包み上がってきたら、生地の縁を
中心に寄せて指先で閉じる。

五

両手で転がし、
きれいな丸形に整える。

包みぼかし

TSUTSUMIBOKASHI

色づけした練りきり生地を
白色の練りきり生地で包む方法。
ほんのり色づいた色を
表現することができます。

一

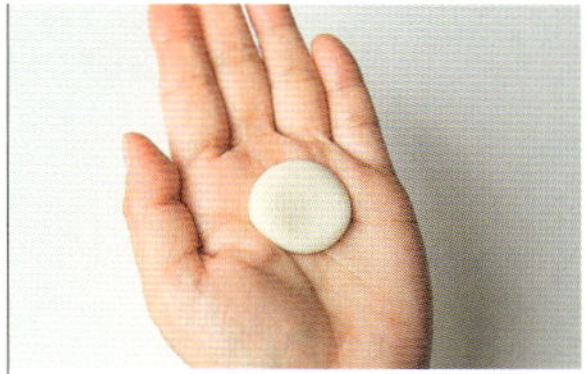

丸めた白い練りきり生地を
手のひらで平らにする。

二

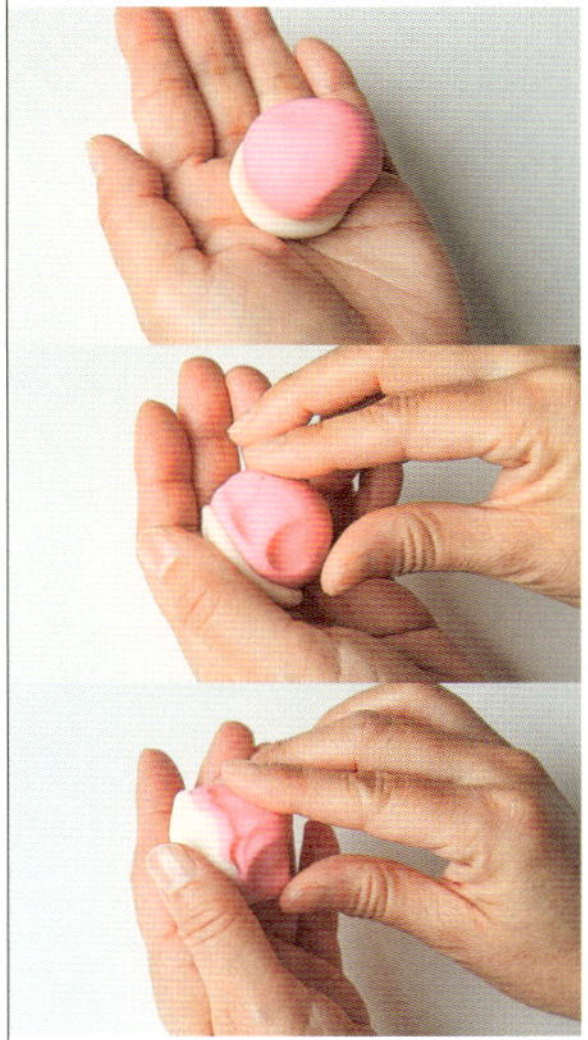

一に色づけした練りきり生地を
丸めてのせ、白い生地で包む。

二ノ二

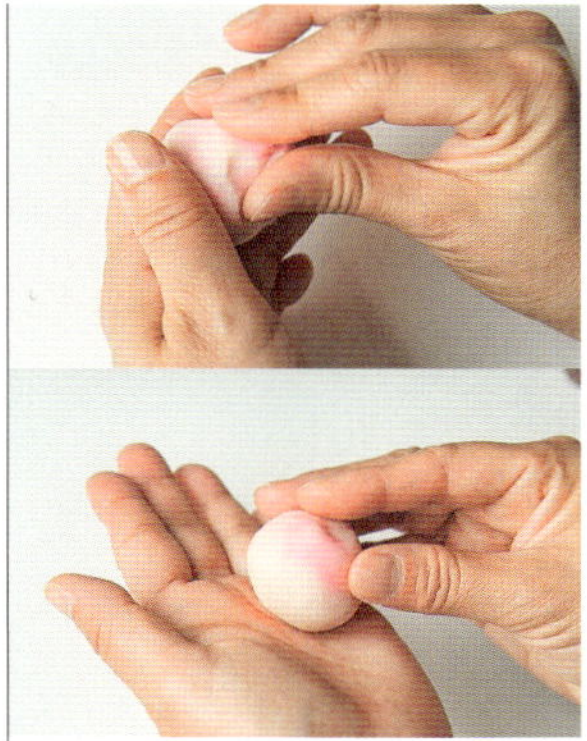

包み終えたところ。
この段階では、きれいに
混ざり合っていない。

三

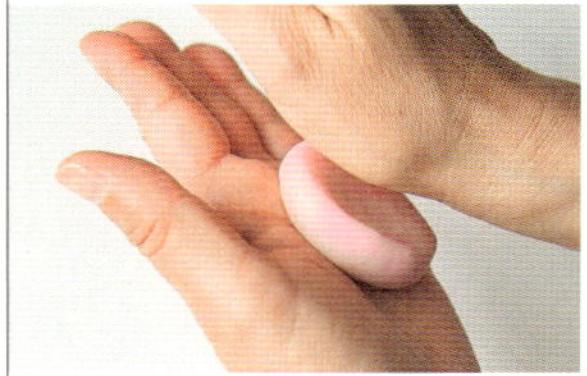

二を丸めてから、
手のひらで平らに伸ばす。

四

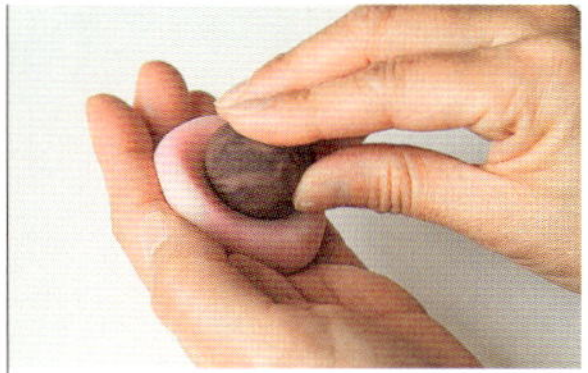

三に丸めた中あんをのせ、
包あんする。

五

全体にぼかしが入って
出来上り。

埋め込みぼかし

UMEKOMIBOKASHI

土台の練りきり生地の内側から
色づけした練りきり生地の色を
ぼかし出す方法。ぼかし出す色の
濃淡や範囲を変えることができます。

一

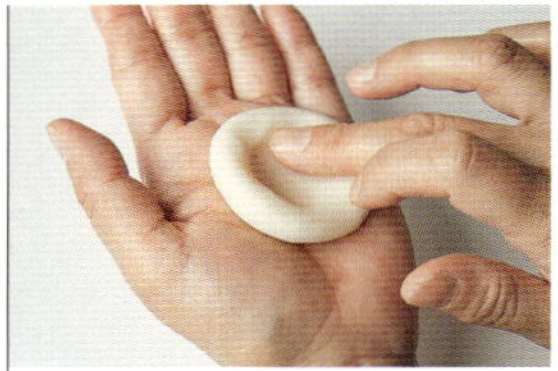

土台の練りきり生地を平らにし、
真ん中をくぼませる。

二

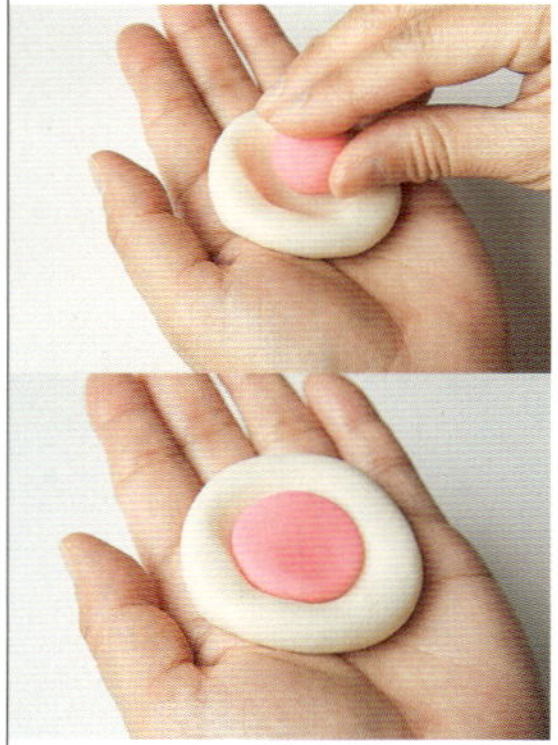

色づけした練りきり生地を
丸めて一のくぼみにのせ、
平らにする。

三

二に丸めた中あんをのせ、
途中まで包む。

四

白の生地を指で薄く伸ばし、
内側の色づけした生地の色を
ぼかし出す。

五

包み残した中あんを包あんする。

貼りぼかし

HARIBOKASHI

色づけした練りきり生地を土台となる
練りきり生地の外側につけてぼかし、
部分的に色や形をつける方法です。

一

土台の練りきり生地を平らにし、
丸めた中あんをのせ、
包あんする。

二

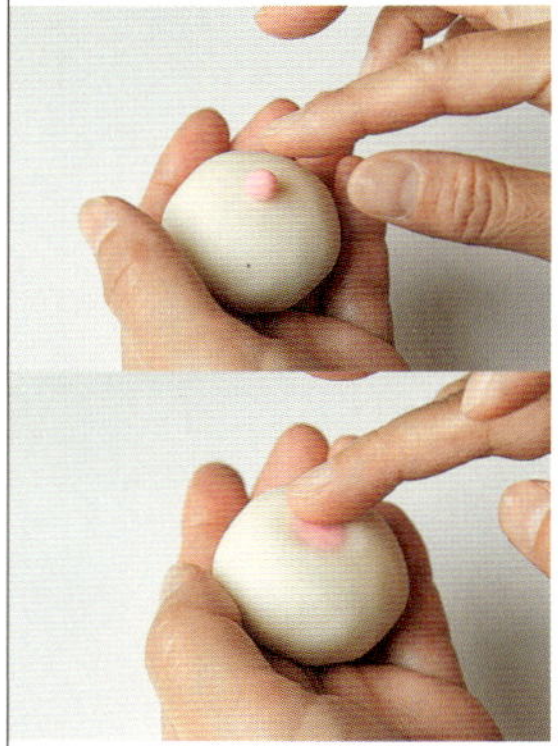

色づけ用の練りきり生地を
一につける。
＊貼る部分を水で少し湿らせると、
つけやすい。

三

色づけ用の生地の周囲を指先で
のばし、土台の生地になじませる。

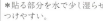

和菓子のデザインの美しさに魅了されて四半世紀。
手のひらから生まれる小さな和菓子で、
大きな感動や喜びが得られることを
より多くの方に知っていただくために、
初めてでも楽しめる作り方を工夫してきました。
この本では、伝統的で繊細な練りきりを
シンプルな素材と身近にある道具を使って、
美しく仕上げるコツをご紹介しています。
私の暮らす鎌倉の歳時記とともに、
季節の練りきりをお楽しみください。
これを機に、和菓子に親しんでいただけたら、
これほど嬉しいことはありません。

御園井裕子

御園井裕子
Misonoi Yuko

1995　和菓子の世界に入る。製菓学校で学んだ後、
独自の世界観の和菓子を個展やイベントで紹介。
2003　鎌倉で『創作和菓子 手毬』を立ち上げ、
菓子販売と和菓子教室、ワークショップを国内外で開催。
2009　北鎌倉『たからの庭』に工房を構える。
2013　株式会社手毬を設立。
鎌倉の長谷・坂ノ下に工房を移転。
2016　工房の隣に和菓子販売店舗となる『茶寮 てまり』をオープン。

創作和菓子 手毬
神奈川県鎌倉市坂ノ下28-35
電話 0467-33-4525 ／ 080-4132-4525
http://www.temari.info/
mail : info@temari.info

鎌倉 手毬の
和菓子
四季を映す練りきり

2019年2月25日　第1刷発行

著　者　御園井裕子
発行者　大沼 淳
発行所　学校法人文化学園 文化出版局
〒151-8524 東京都渋谷区代々木3-22-1
電話 03-3299-2489（編集）
03-3299-2540（営業）
印刷・製本所　株式会社文化カラー印刷

アートディレクション　天野美保子
撮影　邑口京一郎
スタイリング　大畑純子
校閲　猪熊良子
編集　望月いづみ
大沢洋子（文化出版局）

〈材料の入手先〉

［あん］谷田製餡
徳島県徳島市南二軒屋町1-3-5
tel.088-625-4467
fax.088-625-4468
http://www.tanidaan.jp

［製菓材料］セキグチ
神奈川県平塚市宮の前8-18
tel.0463-22-0880

〈撮影協力〉

北鎌倉 宝庵
神奈川県鎌倉市山ノ内1415
tel.080-5488-1053
http://www.houan1934.com

浄智寺
神奈川県鎌倉市山ノ内1402
tel.0467-22-3943

〈参照サイト〉

和色大辞典
https://www.colordic.org/w/

文化出版局のホームページ　http://books.bunka.ac.jp/